MODEL 2

LEE SO YOUNG

D0710184

SAPHIRA

Model vol.2 © 2000 by Lee So-Young, Daiwon C.I. INC.
All Rights Reserved.
First published in Korea by Daiwon C.I. INC.
French translation rights arranged through Daiwon C.I. INC.

Édition française © 2004 Saphira
ISBN 2-75220-006-4
Dépôt legal Mars 2004

Traduction : Kette Amoruso
Adaptation graphique : Nanos

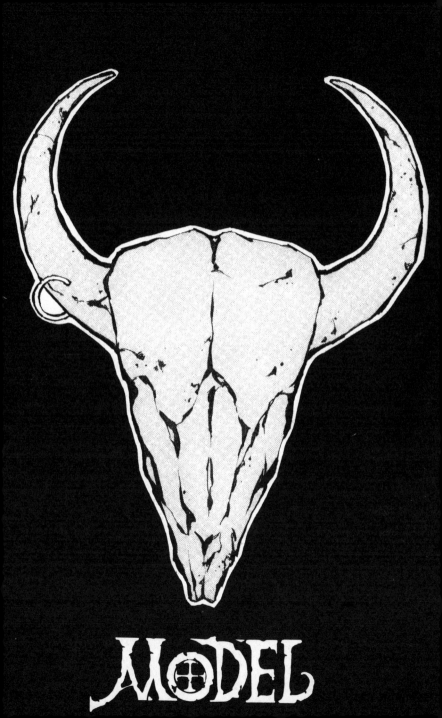

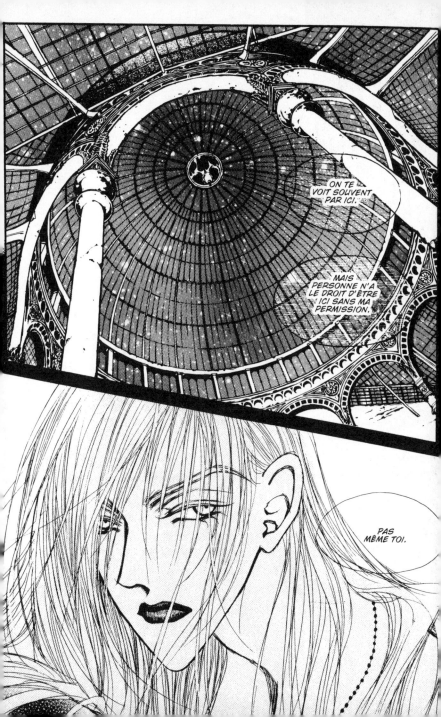

J'AIMERAIS
VOUS POSER UNE
QUESTION.

KEN...

EST-CE
QUE KEN...

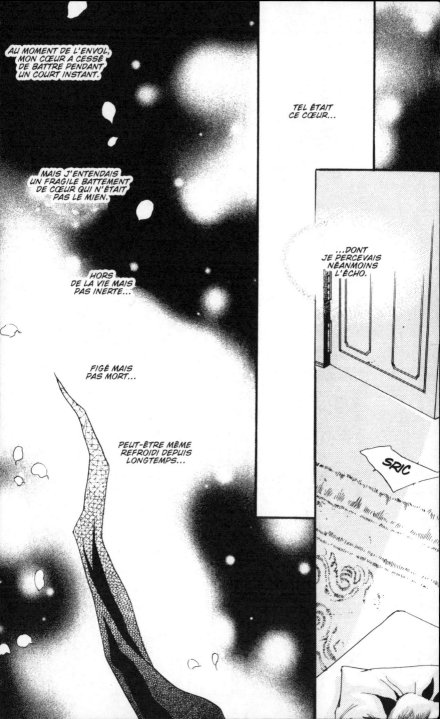

SI C'EST MADEMOISELLE JIYAE QUE VOUS CHERCHEZ, ELLE N'EST PAS ICI.

MAIS QU'EST-CE QUE VOUS LUI AVEZ DIT ? ELLE EST PARTIE AUSSITÔT AU CHÂTEAU ANNEXE. ON VOYAIT CLAIREMENT QU'ELLE ÉTAIT PERTURBÉE.

ELLE A DIT QU'ELLE DEVAIT PARLER AU MAÎTRE.

...

JE...

JE NE SUIS PAS À SA RECHERCHE.

...

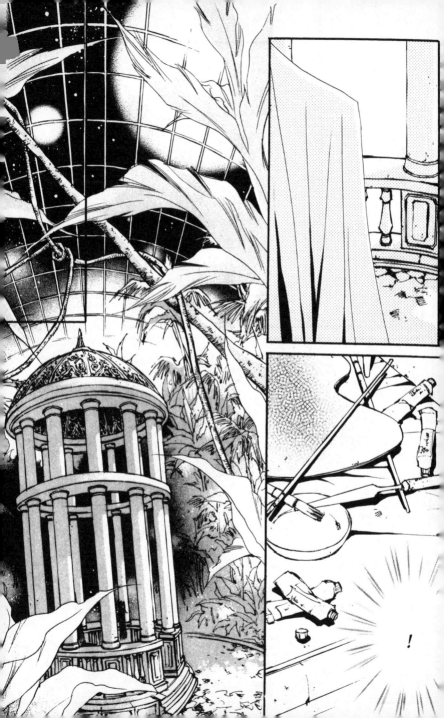

CEPENDANT...

ELLES SONT REPRÉSENTÉES EN SAINTES DANS MON TABLEAU. REMARQUE, DANS LA BIBLE AUSSI MARIE-MADELEINE FINIT PAR DEVENIR UNE SAINTE.

TU AS SÛREMENT DEVINÉ QUE CES FEMMES ÉTAIENT DES PROSTITUÉES.

CE SONT ELLES QUI M'ONT COMMANDÉ CE TABLEAU.

TU NE RECONNAIS PAS CES VISAGES ? TU AS DÛ LES CROISER AU CHÂTEAU...

MARIE-MADELEINE : IL N'Y A AUCUN PASSAGE DANS LA BIBLE QUI DIT DE MANIÈRE EXPLICITE QU'ELLE ÉTAIT UNE PROSTITUÉE, MAIS ON LE SUPPOSE.

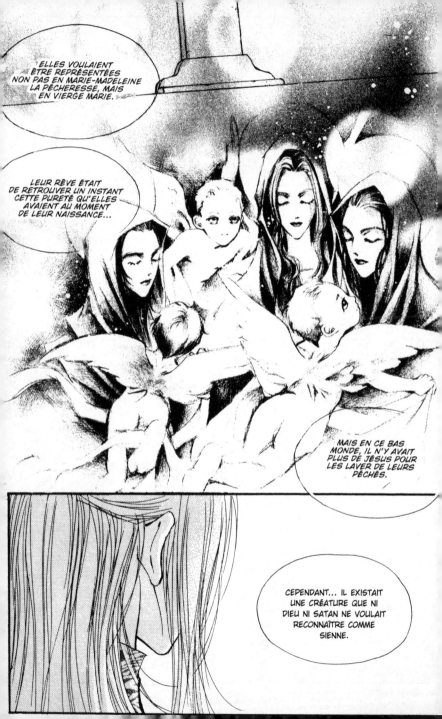

LE TABLEAU...

IL S'EST EFFACÉ.

COMME JE LE CRAIGNAIS...
IL NE M'ÉTAIT PLUS
POSSIBLE DE PEINDRE
DES ÊTRES VIVANTS.

CAR MOI-MÊME JE N'ÉTAIS
PLUS QU'UN MORT-VIVANT...
UNE SORTE DE...

... MESSAGER DE LA
MORT AVEC UN PINCEAU
À LA MAIN.

QU'IL S'AGISSE D'UN ACCIDENT OU D'UN SUICIDE, LES CIRCONSTANCES DE LA MORT DE MES CLIENTS NE ME REGARDENT PAS.

MÊME SI JE SAVAIS QUE CES FEMMES AVAIENT L'INTENTION DE SE SUICIDER, JE N'AVAIS PAS LE DROIT D'INTERVENIR. CE N'EST PAS LE RÔLE D'UN PEINTRE.

ET QUI VIENDRAIT M'ACCUSER DE NON-ASSISTANCE À PERSONNE EN DANGER ?

HA HA !

JE SENS MON CŒUR SE SERRER.

HA HA HA...

SON RIRE
ME FAIT MAL.

JE CROIS
QU'À PARTIR
D'AUJOURD'HUI...

HA HA HA

JE VAIS
POUVOIR COMMENCER
SON PORTRAIT.

CE RIRE SI TRISTE...
SERA LE POINT DE
DÉPART DE MON
INSPIRATION...

SCHH

... J'AI BEAU AVOIR VU LA SCÈNE DE MES PROPRES YEUX, JE N'ARRIVE TOUJOURS PAS À Y CROIRE.

IL EST VRAI QU'ON A DU MAL À CROIRE QUAND ON ASSISTE À TROP DE MIRACLES D'UN SEUL COUP...

J'AI VU AUJOURD'HUI TROP DE CHOSES QUI DÉPASSENT L'ENTENDEMENT D'UN SIMPLE ÊTRE HUMAIN.

AVANT
CE JOUR,
JE N'AI JAMAIS
EU AUTANT
LE DÉSIR
DE VOUS
CONNAÎTRE
DAVANTAGE.

SLIC

IL Y A
ÉVIDEMMENT
VOTRE PORTRAIT
QUE JE
DOIS PEINDRE.
MAIS BIEN
PLUS ENCORE...

JE VEUX
VOUS CONNAÎTRE
AUTANT QUE
POSSIBLE.

QUAND
BIEN MÊME
IL Y AURAIT
DES SUJETS
TABOUS,
JE VEUX
SAVOIR.

MURIEL...

À L'HEURE ACTUELLE,
JE ME RETROUVE
FACE À UNE ÉNIGME
SANS AUCUN INDICE
POUR M'ÉCLAIRER.

NI À PROPOS DE KEN... NI SUR LA PRÉSENCE DE LA CROIX... NI MÊME EN CE QUI CONCERNE LES POUVOIRS DE MURIEL...

TOUT CE QUE J'AI APPRIS AUJOURD'HUI, C'EST QU'IL PEINT DES TABLEAUX HORS DU COMMUN.

ET PUIS... JE ME DEMANDE POURQUOI IL EST DEVENU UN VAMPIRE...

!

DES...
PÉTALES DE
FLEURS ?

... QU'Y A-T-IL, MADEMOISELLE JIYAE ?

IL EST VENU DANS MA SALLE DE BAINS.

ENSUITE...

CONTINUEZ.

IL EST ENCORE PLUS ATTEINT QUE JE NE LE PENSAIS. D'ABORD IL EST ENTRÉ DANS MA SALLE DE BAINS SANS CRIER GARE.

ET PUIS IL S'EST MIS À RACONTER TOUT UN CHARABIA. D'AILLEURS J'ÉTAIS TELLEMENT SURPRISE QUE JE NE ME RAPPELLE MÊME PLUS CE QU'IL A DIT.

CE... CE N'EST PAS TOUT.

DES PÉTALES..

DES PÉTALES DE FLEURS...

EN FAIT, IL EST DINGUE !

MAIS OUI...
ON DIRAIT BIEN.

IL NE LEUR RESTE
PLUS QUE LES TIGES
ET LES FEUILLES...

QUE S'EST-IL PASSÉ
AVEC CES FLEURS,
MADEMOISELLE ?

BEN, C'EST-
À-DIRE...

CE SONT
DES ROSES.

ARMÉES DE
LEURS ÉPINES,
ELLES ÉBLOUISSENT
PAR LEUR COULEUR
ET LEUR PARFUM
ENIVRANT...

SANS DOUTE LES
PLUS SOMPTUEUSES
DE TOUTES LES
FLEURS.

CONNAISSEZ-VOUS
LEUR SIGNIFICATION
EN LANGAGE DES
FLEURS, MADEMOISELLE
JIYAE ?

J'IGNORE SI C'EST
POUR CETTE RAISON,
MAIS EN TOUT CAS
LE MAÎTRE LES
AFFECTIONNE TOUT
PARTICULIÈREMENT.

SI JE M
SOUVIENS E

ELLES SIGNIFIENT...
L'AMOUR.

TU M'AS... ENCORE ENVOYÉ TES CHAUVES-SOURIS.

TU NE TROUVES PAS QUE C'EST UN PEU EXCESSIF, EN PLEINE NUIT ?

MAIS COMME TU PEUX T'EN DOUTER, JE NE T'AI PAS FAIT VENIR POUR PARLER DE CELA.

DIS-MOI...

ELLE T'INTÉRESSE TANT QUE ÇA ?

... ON NE VOIT PLUS KEN DEPUIS QUELQUE TEMPS.

ÇA FAIT DÉJÀ 4 JOURS, IL ME SEMBLE.

CELA LUI ARRIVE PARFOIS. NE VOUS EN FAITES PAS.

D'AILLEURS LA CHAUVE-SOURIS QUI ÉTAIT EN CONVA-LESCENCE A ÉGALE-MENT DISPARU.

IL Y A UNE CHO QUE JE VOUDR VOUS DEMANDE EVA.

COMMENT... ÊTES-VOUS ARRIVÉE AU CHÂTEAU ?

J'AI L'IMPRESSION QUE VOUS N'AVEZ PAS TOUJOURS ÉTÉ GOUVERNANTE.

C'EST JUSTE PAR CURIOSITÉ... VOUS SEMBLEZ AVOIR DES LIENS PARTICULIERS AVEC CET ENDROIT.

ENFIN, SI CE N'EST PAS TROP INDISCRET, BIEN SÛR...

C'EST INDISCRET ?

...

CLING

...

C'EST INDISCRET.

OH, PARDON...

PEUT-ÊTRE BIEN QU'ELLE CACHE UN GRAND SECRET ?

ELLE AURAIT QUAND MÊME PU M'EN PARLER UN TOUT PETIT PEU.

DU COUP, J'AI ENCORE PLUS ENVIE DE SAVOIR !

COMMENT JE ME SUIS FAIT JETER !

LES GENS D'ICI SONT VRAIMENT TROP MYSTÉRIEUX POUR MOI !

COUCOU.

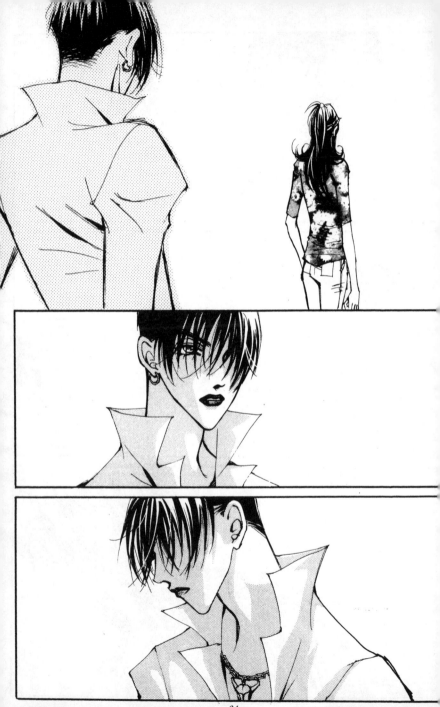

TU AURAS
DROIT À MON
INDIFFÉRENCE LA
PLUS TOTALE !!

JE VAIS
TE FAIRE VOIR
COMBIEN ÇA
PEUT ÊTRE
HUMILIANT D'ÊTRE
COMPLÈTEMENT
IGNORÉ...

DÉSORMAIS,
TU VAS
COMPRENDRE
TA DOULEUR !

FHU

...

J'AI L'IMPRESSION QUE VOUS N'APPRÉCIEZ PAS LE POTAGE.

EUH... SI, IL EST EXCELLENT. SEULEMENT...

IL N'Y A PERSONNE D'AUTRE QUE VOUS, ICI ? JE NE M'ATTENDAIS PAS DÎNER TOUTE SEULE...

ON DIRAIT QUE VOTRE MAÎTRE, QUE JE N'AI PAS ENCORE LE PLAISIR DE CONNAÎTRE, AIME TOUT PARTICULIÈREMENT LA SOLITUDE.

EN EFFET, NOUS RECEVONS TRÈS PEU DE VISITEURS.

CECI ÉTANT, VOUS N'ÊTES PAS LA SEULE PERSONNE AU CHÂTEAU À PRENDRE SON REPAS DU SOIR.

SEULEMENT, NOUS AVONS FAIT DRESSER CETTE TABLE SPÉCIALEMENT POUR VOUS EN TANT QU'INVITÉE.

À PROPOS, SI VOUS N'APPRÉCIEZ PAS LE POISSON QUI FIGURE AU MENU DE CE SOIR, DITES-LE MOI.

ET N'HÉSITEZ PAS À ME FAIRE SAVOIR VOS PRÉFÉRENCES ALIMENTAIRES.

C'EST... S AIMABLE À S, MISS...

EVA !

VOUS ÊTES LE
LÉGENDAIRE TOP
MODEL EVA ROSE !

DITES, VOUS SAVEZ QUE C'EST MALPOLI DE S'INCRUSTER COMME ÇA ?

JE VOUS SIGNALE QUE JE MEURS DE FATIGUE APRÈS MA JOURNÉE DE VOYAGE. HÉ !

VOUS M'ENTENDEZ ? JE VEUX QUE VOUS QUITTIEZ MA CHAMBRE.

...

VOUS
VOUS
APPELEZ
EVA.

EVA...
MAIS BIEN
SÛR ?!

EVA
ROSE.

JE N'EN REVIENS TOUJOURS PAS, MAIS JE CROIS BIEN QUE C'ÉTAIT EVA SUR LA PHOTO...

JE PENSE QUE C'EST LA VÉRITÉ.

JE N'AI PAS LA CONFIRMATION D'EVA, MAIS TOUT CE QUE CETTE FILLE A RACONTÉ...

EVA N'A JAMAIS RIEN VOULU DIRE SUR SA VIE.

TOUTES LES FOIS OÙ J'AI ESSAYÉ DE L'INTERROGER, ELLE SE REFERMAIT COMME UNE COQUILLE.

CE N'EST PAS FACILE DE PARLER DE SOI À QUELQU'UN MAIS LÀ, QUELLE SURPRISE...

JE ME SENS ENCORE TOUTE RETOURNÉE. C'EST SI INCROYABLE.

TOUT PARAÎT SI...
COMPLIQUÉ.
SI SEULEMENT
QUELQU'UN POUVAIT
M'ÉCLAIRCIR TOUTE
CETTE HISTOIRE...

TIENS...

À VRAI DIRE, JE N'AI PAS DORMI CORRECTEMENT UNE SEULE NUIT DEPUIS MON ARRIVÉE AU CHÂTEAU.

REMARQUEZ, C'EST PEUT-ÊTRE INCONGRU DE VOULOIR LA TRANQUILLITÉ DANS UN ENDROIT COMME CELUI-CI.

JE SAIS QUE JE SUIS VENUE ICI POUR PEINDRE VOTRE PORTRAIT.

OR ICI, JE SENS DES REGARDS QUI M'ÉPIENT SANS CESSE.

ET... QUAND JE ME CONCENTRE SUR QUELQUE CHOSE, JE NE FAIS PLUS DU TOUT ATTENTION À CE QUI M'ENTOURE.

ON DIRAIT QUE NOUS AVONS UNE INVITÉE.

J'ESPÈRE QU'IL NE SE FERA PAS ENCORE RÉTRIBUER AVEC LE SANG DE LA MALHEUREUSE.

CELA DIT, AVEC LE GENRE DE BAGNOLE QU'ELLE A, J'IMAGINE QU'ELLE A DE QUOI PAYER.

DOMMAGE POUR MURIEL.

HA HA

QUEL GAMIN VOUS FAITES.

117

JE VAIS ÊTRE BRÈVE.

LAISSEZ MADEMOISELLE JIYAE TRANQUILLE.

CERTAINS ÊTRES SONT COMME DES POISSONS QUI REFUSENT DE SE LAISSER CAPTURER.

MADEMOISELLE JIYAE POSSÈDE EN ELLE LA FORCE DES POISSONS QUI REMONTENT LA RIVIÈRE À CONTRE-COURANT.

ELLE NE SE LAISSERA PAS RETENIR INDÉFINIMENT.

CETTE RACHEL...
ELLE A RECONNU
EVA.

ELLE A PARLÉ DE
SON PASSÉ.

APPAREMMENT
EVA A ÉTÉ...
MANNEQUIN.

TOUT LE MONDE A UN
PASSÉ. TOUT COMME
UN PRÉSENT...

ET AUSSI...
UN FUTUR.

COMMENT...
AVEZ-VOUS CONNU
EVA ?

J'IGNORE POURQUOI J'AI CHOISI DE PARLER D'EVA ALORS QU'IL Y AVAIT TANT DE QUESTIONS QUI ME BRÛLAIENT LES LÈVRES...

JE PRÉPARAIS LE TERRAIN AVANT D'ABORDER LE SUJET QUI ME TENAIT VRAIMENT À CŒUR.

PARLER D'EVA A ÉTÉ UNE SORTE DE... PREMIER PAS.

AVEC LE RECUL, JE PENSE QUE C'ÉTAIT UNE SORTE D'ENTRÉE EN MATIÈRE.

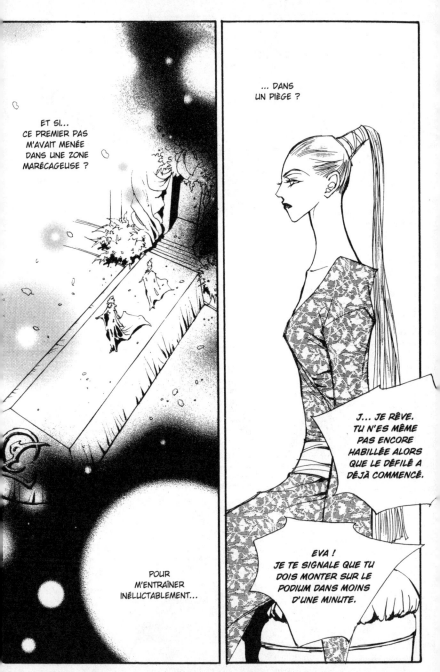

ET SI...
CE PREMIER PAS
M'AVAIT MENÉE
DANS UNE ZONE
MARÉCAGEUSE ?

... DANS
UN PIÈGE ?

J... JE RÊVE.
TU N'ES MÊME
PAS ENCORE
HABILLÉE ALORS
QUE LE DÉFILÉ A
DÉJÀ COMMENCÉ.

POUR
M'ENTRAÎNER
INÉLUCTABLEMENT...

EVA !
JE TE SIGNALE QUE TU
DOIS MONTER SUR LE
PODIUM DANS MOINS
D'UNE MINUTE.

BON, PEU IMPORTE LA RAISON.

POUR LE MOMENT, IL N'Y A QUE LE DÉFILÉ QUI COMPTE.

JE REFUSE.

QUOI ?

JE REFUSE DE M'HABILLER !

... UN DÉFILÉ EN TENUE D'EVE ! PAR EVA ROSE, LE TOP MODEL QUI A ATTEINT LES SOMMETS SIX MOIS À PEINE APRÈS SES PREMIERS PAS SUR LES PODIUMS.

ELLE A ENCORE FAIT LA UNE DES JOURNAUX LORS DE LA PRÉSENTATION DE LA NOUVELLE COLLECTION DE JULIETTE WISE.

APRÈS AVOIR REFUSÉ DE PORTER LA TENUE QUI LUI ÉTAIT DESTINÉE, ELLE A CHOISI DE MONTER SUR SCÈNE ENTIÈREMENT NUE...

EST-CE...

EST-CE
QUE...

TELLE FUT LA PREMIÈRE RENCONTRE ENTRE EVA ET MURIEL.

CE N'EST QUE PLUS TARD QU'ILS ONT SU QUE CE N'ÉTAIT PAS LÀ LEUR PREMIÈRE RENCONTRE...

... MAIS LA DEUXIÈME.

QUELLE BELLE MATINÊE, EVA !

J'AI FAIT PRÉPARER UN PETIT DÉJEUNER TOUT SIMPLE AVEC DES TOASTS ET DU LARD.

TAP

POUR MOI TOUT EST OK DU MOMENT QUE JE PEUX MANGER AVEC VOUS.

CLAP

C'EST VRAIMENT TROP DÉPRIMANT DE MANGER SEULE, VOUS NE TROUVEZ PAS ?

J'ADORE CETTE AMBIANCE FAMILIALE. C'EST EXACTEMENT TOUT CE QUE J'AIME !

JE DÉTESTE LES GRANDES TABLES RECTANGULAIRES SANS AUCUN CHARME.

C'EST TELLEMENT PLUS SYMPA DE PRENDRE SON PETIT DÉJEUNER SUR UNE TABLE RONDE JOLIMENT DRESSÉE.

VRAIMENT, JE NE POUVAIS RÊVER MIEUX...

IL FAUT QUE NOUS PRENIONS TOUS LES REPAS ENSEMBLE.

JE VOUS ASSURE QUE CE N'EST PAS LA PEINE DE ME TRAITER COMME UNE INVITÉE DE MARQUE.

DES AMIES !

VOILÀ CE QUE NOUS DEVONS ÊTRE.

VOUS AVEZ SÛREMENT DEVINÉ QUE J'ÉTAIS L'UNE DE VOS PLUS FERVENTES ADMIRATRICES ?!

J'EMMÈNE PARTOUT AVEC MOI UN POSTER DE VOUS.

JE VOIS... ELLE PARLE DE CETTE AFFICHE GÉANTE...

JE N'AURAIS JAMAIS CRU RENCONTRER MON IDOLE DANS UN ENDROIT PAREIL...

QUELLE SURPRISE ! QUEL FRISSON ! ET QUEL BONHEUR !!

138

140

JE NE SAIS PAS POURQUOI, MAIS CETTE FILLE M'IMPRESSIONNE ENCORE PLUS QU'EVA.

HÉ HÉ... QUEL DÉLICIEUX PETIT DÉJEUNER. NOTRE EVA EST UN VRAI CORDON-BLEU...

MÊME SES TOASTS TOUS SIMPLES SONT EXCELLENTS. HA HA.

TU SAIS CE QUI ME RÉPUGNE LE PLUS AU MONDE ?

MON PRÉNOM C'EST JIYAE.

EN PLUS C'EST FACILE À PRONONCER, NON ? TIENS ! TOUTES LES FOIS OÙ JE VOIS UN VISAGE ENFARINÉ ET TOUT BLANC COMME LE TIEN...

... J'AI UNE IRRÉPRESSIBLE ENVIE DE BALANCER DE L'EAU DESSUS POUR EN FAIRE DE LA PÂTE À PÉTRIR.

ÇA DOIT ÊTRE LE MAL DU PAYS.

APPELLE-MOI DONC JIYAE.

ON A UN PLAT NATIONAL QUI S'APPELLE "NOUILLES AU COUTEAU".

TAP

ÇA Y EST,
J'AI TOUT BU.

J'IGNORAIS QUE
LE FAIT DE ME REGARDER
EN TRAIN DE BOIRE DU JUS
DE FRUITS POUVAIT ÊTRE
UN SPECTACLE AUSSI
CAPTIVANT.

DEUX DEMOISELLES
NE M'ONT PAS QUITTÉ
DES YEUX JUSQU'À LA
DERNIÈRE GOUTTE.
MON CHARME A ENCORE
OPÉRÉ.

CLAC

ELLE S'EST RENDORMIE AUSSITÔT APRÈS AVOIR REPRIS CONNAISSANCE. JE CROIS QUE CE N'EST PAS BIEN GRAVE.

SANS DOUTE UN ÉTOURDISSEMENT PASSAGER DÛ À UN LONG VOYAGE.

IL NE SERA PAS NÉCESSAIRE DE FAIRE APPEL À DE L'AIDE EXTÉRIEURE...

...

ON DIRAIT QUE...

?

... VOUS AVEZ ENFIN DÉCIDÉ DE VOUS CONDUIRE EN ADULTE RESPONSABLE.

MIEUX VAUT TARD QUE JAMAIS.

CLAC

...

JE SUIS SOULAGÉE DE VOIR QUE VOUS SUIVEZ MON CONSEIL.

KEN, MADEMOISELLE JIYAE...

MAIS DE QUOI ELLE PARLE ? QUEL CONSEIL ?

... OH !

IGNOREZ-LE.

ELLE... ELLE NE PENSAIT TOUT DE MÊME PAS À ÇA...

HÉ HÉ

LAISSEZ MADEMOISELLE JIYAE TRANQUIILLE.

IL EXISTE DES POISSONS QUI NE SE LAISSENT PAS CAPTURER.

UN POISSON QUI NE SE LAISSE PAS CAPTURER.. BEN VOYONS.

PFF

VOUS VOULEZ UN VERRE ?

C'EST LA PREMIÈRE FOIS QUE VOUS ME RENDEZ VISITE DANS MA CHAMBRE.

AH !... EUH, OUI...

SI VOUS ÊTES VENUE ME VOIR À CAUSE DE CE QUI S'EST PASSÉ CE MATIN, SOYEZ RASSURÉE.

VOUS N'AVEZ PAS À VOUS EXCUSER.

UN INSTANT ! JE SAIS QUE CELA N'A RIEN À VOIR, MAIS...

... J'AI UNE FAVEUR À VOUS DEMANDER.

TAP

ET VOILÀ... MES PAS M'ONT ENCORE MENÉE ICI.

... S'IL VOUS PLAÎT, MADEMOISELLE JIYAE.

JE VEUX QUE VOUS ACHEVIEZ LE TABLEAU AUSSI VITE QUE POSSIBLE.

JE NE ME RAPPELLE PAS VOUS AVOIR COMMANDÉ MON PORTRAIT.

PAR CONSÉQUENT, LES OCCUPANTS DU CHÂTEAU AUTRES QUE LE MAÎTRE...

... N'ONT PAS À FAIRE L'OBJET DE VOTRE CURIOSITÉ.

N'AI-JE PAS RAISON ?

JE NE SUIS
QU'UNE IDIOTE...

...

IL FAUT
QUE CELA CESSE,
JIYAE.

SI ON CONTINUE,
VOUS N'EN SORTIREZ
PAS INDEMNE. NI
VOUS...

... NI KEN...
IL RISQUE D'ÊTRE
BLESSÉ.

ET CELA...

Hana est une collégienne ordinaire, bien que particulièrement
tête-en-l'air, qui se débat avec ses petits tracas quotidiens ; réussir
ses examens (sans rien faire), plaire aux garçons (en les rabaissant)
et manger (de préférence en se faisant offrir des repas) ! Sa meilleure
amie au sérieux légendaire et le beau gosse de la classe
arriveront-ils à la faire changer ?

Im Tae-Yon ferait tout pour approcher Kang Keon, un jeune
mannequin dont elle est amoureuse. Par chance son cousin va dans
le même lycée que lui ! Les deux adolescents echangent donc
leur place pour une semaine et Im Tae-Yon peut enfin approcher
son idole. Mais est-ce finalement lui qui fera battre son cœur ?

LINEAGE

1

Shin Eel-Suk

LINEAGE

Le royaume d'Aden connait une dictature sans précédent. Ken Lauhel, aussi appelé anti-roi, règne cruellement depuis la mort de l'ancien souverain. L'unique espoir de justice repose sur le prince Deforauge, héritier légitime du trône, écarté du pouvoir dans sa prime jeunesse. Le jeune prince devra prendre en main son destin et récupérer sa place sur le trône d'Aden... Au fil des rencontres, c'est une grande épopée qui va se tisser lors de cette quête initiatique.

Imprimé en Belgique par Sofadi